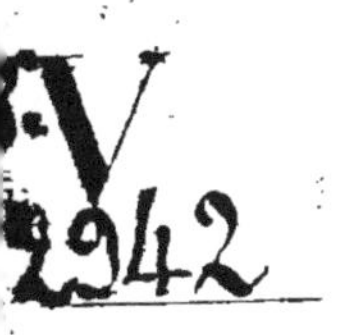

LES

ARTISTES FRANÇAIS

A L'EXPOSITION UNIVERSELLE

DE 1878

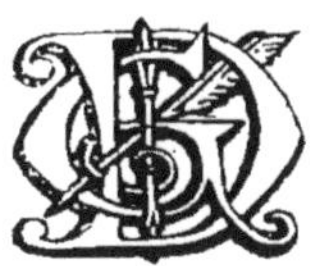

PARIS

GEORGES DECAUX, ÉDITEUR

7, RUE DU CROISSANT, 7

—

1879

LES

ARTISTES FRANÇAIS

A L'EXPOSITION UNIVERSELLE

DE 1878

Ce volume, tiré à 100 exemplaires, n'a pas été mis dans le commerce.

Imprimerie D. Bardin, à Saint-Germain.

LES

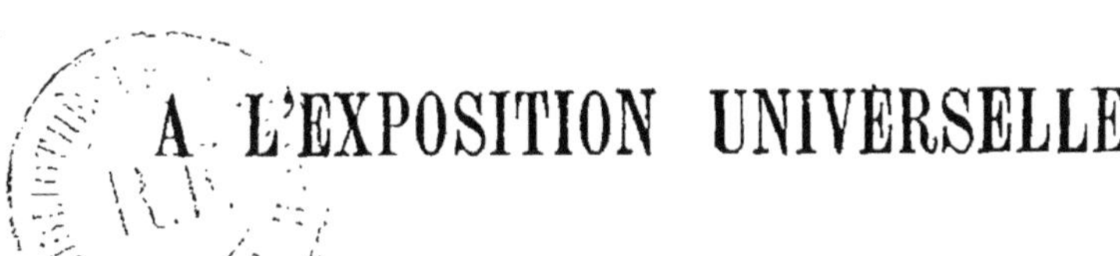

ARTISTES FRANÇAIS

A L'EXPOSITION UNIVERSELLE

DE 1878

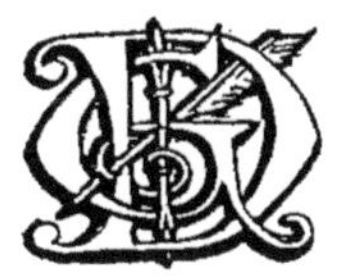

PARIS
GEORGES DECAUX, ÉDITEUR
7, RUE DU CROISSANT, 7

1879

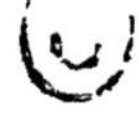

LES

ARTISTES FRANÇAIS

A L'EXPOSITION UNIVERSELLE

DE 1878

I

Le Catalogue Officiel fait précéder d'une *Notice sommaire* la liste des artistes français qui figurent dans la Galerie des Beaux-Arts. La Notice rappelle qu'à l'heure où s'ouvrait l'Exposition universelle de 1867, l'école française venait de perdre ses deux chefs dans la peinture, Eugène Delacroix et Ingres. Depuis dix ans, les rangs de ceux qui les suivaient se sont terriblement éclaircis. La liste est longue des peintres éminents, des sculpteurs de grande race, que la mort a frappés. Presque tous ceux de 1830 ont disparu ; les maîtres du paysage, les Théodore Rousseau, les Paul Huet, les Corot, les Millet, les Diaz, ont été emportés comme les Schnetz et les

Couder, et que de noms se presseraient sous notre plume s'il nous fallait compter ceux qui manquent à l'appel aujourd'hui; les talents les plus divers, les chercheurs les plus aimés, Louis Boulanger, Célestin Nanteuil, ces enamourés de l'art indépendant; Gustave Ricard, le portraitiste de la pensée; Pils, Chintreuil, Flers, Dauzats; Octave Tassaert, qui retrouvait, dans une mansarde, le rayon argenté de Prudhon; Fromentin, Tournemine; Henri Regnault, le dernier venu, le plus jeune, le plus injustement frappé! Et les tailleurs de pierre et les manieurs de bronze, animant la matière, faisant sourire le marbre, créant des déesses ou des tigres, les maîtres originaux, comme Barye et Carpeaux, les artistes savants comme Perraud et Cabet! Rien n'existe plus d'eux que leurs œuvres, mais elles suffisent à les faire vivre.

La *Notice sommaire* paye d'abord à ces glorieux un juste hommage, puis elle énumère, non sans une satisfaction légitime, les grandes œuvres achevées par nos artistes depuis l'Exposition dernière : les décorations murales du Nouvel Opéra, du Palais de Justice, de la Légion d'honneur, de la Trinité, de Sainte-

Geneviève. Certes, les plafonds de Baudry, de J.-P. Laurens, les fresques de Puvis de Chavannes et de Français, les grisailles d'Élie Delauney au conseil d'État, peuvent compter parmi des ouvrages hors de pair. Marseille, Amiens, l'hôtel de ville de Poitiers, les théâtres de Bordeaux et de Reims ont été également, depuis onze ans, ornés d'admirables peintures. L'enthousiasme de la *Note* officielle est ici bien naturel, mais elle dépasse la limite d'une satisfaction très-explicable lorsqu'elle déclare, avec une évidente joie, que le nombre actuel des peintres exposant ou « *livrant* directement aux amateurs et au *commerce,* » s'élève « *au moins* à 5,000. » Cinq mille peintres ! En vérité, faut-il beaucoup s'en enorgueillir ? Cinq mille peintres ! Est-ce donc au nombre, et non à la valeur individuelle et au talent, que se mesure la puissance d'une école ? Cinq mille peintres ! Dans ce nombre, combien, en réalité, se trouve-t-il d'*artistes ?*

Dix peintres, dix véritables peintres, dix artistes touchés du démon, suffiraient certes aux aspirations, *aux besoins artistiques* de toute une époque. Un pays, tout un pays, a-t-il souvent dix peintres à montrer au monde ? Et nous en avons *au moins* cinq mille ! Cinq mille *livrant directement au commerce !* Ah ! toute l'explication est là ! Ce nombre même est la condamnation de cette légion grossissante de peintres qui exercent un métier plus qu'ils ne suivent une vocation et honorent un art, et dont l'idéal, hélas ! n'est pas une large place au Panthéon, mais un petit hôtel coquet aux Champs-Élysées ou à l'avenue de Villiers.

Ce n'est pas — fort heureusement et en dépit de la *Note* officielle — par le nombre de ses peintres que l'École Française (s'il est encore une école) est remarquable et digne de son succès. Ce qui fait sa valeur, c'est la qualité rare de certaines œuvres, c'est l'originalité absolue de certains artistes. Évidemment, la conception des grandes choses, la passion pour ce qu'il y a de supérieur dans un art ont fait place au culte du *morceau*, à la poursuite ardente des procédés du métier ; mais nous qui demandions dix peintres à un pays, à tout prendre nous en trouverions bien vingt en France qui méritent l'attention de la critique.

La France est fort incomplétement représentée au Champ de Mars. On aurait beau chercher dans ces nombreuses salles, on n'y trouverait ni Diaz, ni Millet, ni Rousseau. L'Espagne élève une sorte d'autel à Fortuny[1]. Nous dédaignons nos morts les plus illustres, et lorsque des toiles de Corot et de Daubigny sont envoyées, on les disperse, çà et là ; on les accroche dans les couloirs, comme le *Lever de lune* de Daubigny. Gustave Courbet est représenté par une seule œuvre beaucoup trop vantée, *la Vague*, qui ne donne qu'une idée très-incomplète de son fier tempérament de manieur de pinceau. Jules Dupré, Paul Baudry, Chenavard, Léon Cogniet, Robert Fleury, Couture, Puvis de Chavannes, F. Roybet et, pour citer

(1) Mieux que cela : Prague faisait en juillet 1878 à Jaroslav Cermak, son peintre national, des funérailles princières. Toutes les pittoresques rues de Prague étaient en deuil; des cavaliers marchaient devant le cercueil, portant des tableaux voilés de crêpes, et des jeunes filles en robe blanche, — de ces belles filles brunes que Cermak aimait à peindre, — suivaient des palmes à la main. Et les étudiants venaient ensuite, et la ville tout entière suivait le convoi du peintre tchèque, dont sa vigoureuse et reconnaissante Bohême déplorait la perte. Il faut remonter bien loin pour voir de ces triomphales funérailles faites à un artiste. La France est moins enthousiaste.

un peintre qui, après tout, tient une place dans notre école, Rosa Bonheur, n'ont rien envoyé à l'Exposition universelle. Il a déplu à quelques-uns de se jeter dans cette formidable halle où tant d'œuvres remarquables semblent se perdre et fondre sous un jour inclément.

Avec cinq cents tableaux choisis, la France apparaissait triomphante dans ce tournoi. On l'acclamait sans discussion. Longtemps, dans l'Exposition, l'œil effaré a cherché les belles œuvres au milieu du vaste assemblage de toiles de toutes valeurs.

Et les membres du jury, qui devaient se décerner les récompenses, avaient choisi les meilleures places. Corot, cet admirable Corot, dont chaque tableau faisait, au milieu de toutes ces œuvres, une *tache* si poétique et si harmonieuse, Corot avait ses tableaux disséminés un peu partout. On devait à ce mort, on devait à ce maître une place d'honneur. Mais on avait placé ses tableaux au hasard, çà et là, loin les uns des autres. Il en était de même pour Daubigny, dont on *groupait* ensemble quelques œuvres, mais seulement à la fin de l'Exposition. Et Ribot? Une de ses toiles, un merveilleux portrait de jeune fille blonde, était relégué derrière une porte. L'autre, le *Cabaret normand*, une toile superbe et que le temps avait encore embellie, se trouvait accrochée si haut, qu'on ne pouvait la découvrir. M. Hubert Debrousse, à qui le *Cabaret* appartient, voulait le retirer de l'Exposition. N'en eût-il pas eu le droit? Il paraît que les peintures de Ribot avaient été primitivement placées dans la salle où figuraient les tableaux de M. Bonnat. Mais, au dire de quelques-uns, elles les tuaient. Et voilà pourquoi les Ribot avaient été décrochés et mis, l'un au diable, l'autre au plafond. D'autres peintures, celles de M. Feyen-Perrin, avaient été reléguées parmi les dessins. Des médiocrités, par contre, figuraient, à côté de leurs maîtres et protecteurs, sur la cimaise.

L'Exposition Rétrospective de tableaux et dessins des maîtres modernes, que des amateurs éclairés avaient eu la bonne idée d'ouvrir dans les galeries de Durand-Ruel, devait montrer tout ce qui manquait au Champ de Mars. C'était là qu'on pouvait voir combien l'exposition artistique française avait été déplorablement organisée. Là figuraient tous ceux qui étaient exclus ou mal placés dans les salles de notre Exposition universelle. Là, Corot, Diaz, Daubigny, Delacroix, Millet, Courbet, Barye, Ricard, Théodore Rousseau, Decamps, — tous ces morts qui sont l'honneur de la peinture de ce temps, — figuraient, non pas, certes, avec la totalité de leurs œuvres, mais avec un choix de tableaux, avce des toiles qui suffisaient à montrer qu'ils sont et restent les chefs invaincus de notre École moderne.

Il y avait vraiment là de purs chefs-d'œuvre, une *Vue du village de Sin, près de Douai,* par Corot, une des inspirations les plus exquises du maître ; une esquisse d'Eugène Delacroix, *Boissy d'Anglas à la Convention le 20 mai* 1795, qui donne, avec le fourmillement de la salle envahie, la sensation même d'orage et d'épouvante de la farouche journée de Prairial, — une vision palpitante de la Révolution que cette toile extraordinaire ; — il y avait de petits tableaux de Daubigny, larges comme les deux mains et d'une finesse incomparable, des Diaz ensoleillés, des paysages ardemment colorés de Paul Huet, des études de mer, des soleils couchants sur la

Meuse, et de verts horizons d'une acidité printanière, de Chintreuil, des drames intimes de Tassaert, le peintre des suicides, et qui se tua pour rester fidèle à ses lugubres inspirations ; il y avait des Courbet singulièrement puissants, des dessous de forêts, des paysages rocheux, une falaise d'Étretat ; il y avait surtout une collection étonnante de J.-F. Millet : l'*Angelus*, d'une simplicité biblique, la *Femme à la lampe*, et ce *Tueur de cochons*, surprenant, sinistre et vrai, d'une intensité de vigueur et d'une couleur tout à fait admirables. Et comme les portraits, pleins de pensée et de rêverie pénétrante de Gustave Ricard, vous retenaient, avec leurs aspects de peintures florentines ! Les visages de peintres amis, M. Chaplin, M. Heilbuth, M. Gustave Moreau, ont été par Ricard traités avec une maîtrise savante et sans fracas. A côté, telle nature morte, une *Bouilloire*, — gageure du portraitiste, — donnait la sensation du plus parfait des Chardin. C'est quelque chose que d'être un artiste éminent. Parle-t-on encore à cette l'heure, de M. Ricard, qui fut ministre, qui mourut au pouvoir (aventure peu fréquente), et eut, suprême honneur, les plus belles funérailles qu'un homme puisse ambitionner? Il n'y a pas trois ans de cela. Et maintenant, citez Ricard devant quelqu'un, nommez Ricard, laissez tomber ce nom de Ricard dans une conversation mondaine, on vous répondra, à coup sûr :

— Ah! oui, Ricard! J'ai vu de lui un bien beau portrait de femme, celui de Mme de Calonne, à l'exposition Durand-Ruel. C'était un maître, indiscutablement!

Ainsi le peintre a éclipsé l'homme d'État. Et c'est bien là ce qui fait l'infériorité des *puissances*.

Mais ce qui est certain aussi, c'est qu'on avait traité d'une façon déplorable ces artistes glorieux auxquels on n'avait pas daigné trouver une place dans l'Exposition officielle et qui se réfugiaient, — les pauvres morts, — dans les salons d'une exhibition particulière. Peut-être les vivants avaient-ils redouté la comparaison avec ces grands maîtres disparus. La présence de Théodore Rousseau, de Millet, de Courbet, de Fromentin même, eût été désastreuse pour bien des gens qui tenaient à vaincre et qui n'entendaient point que des spectres, quelque illustres qu'ils fussent, vinssent leur disputer les médailles d'honneur.

Il n'en est pas moins vrai qu'en visitant cette exposition, — moins fréquentée, hélas! que celle du Champ de Mars, — l'écho de la légendaire chanson, écrite à Barbizon, sur l'album de la vieille auberge, revenait en mémoire à plus d'un, et que bien des gens fredonnaient l'ironique couplet à l'adresse des triomphateurs faciles qui se taillaient jadis des succès autour de la table du père Ganne, en l'absence de Diaz ou de Philippe Rousseau :

Profitons de ce qu'ils n'y sont pas,
Amusons-nous, ne vous déplaise!
Si Philipp, Diaz, Dupré, Cabat
Étaient ici, nous ne serions pas
A l'aise!

Elle a du vrai la chanson de Barbizon.

Daubigny était, comme Corot, représenté au Champ de Mars. « Corot, peintre éthéré, a dit Jules Dupré, aussi éloquent causeur que grand artiste, Corot semblait peindre avec des ailes au dos. » Daubigny était moins poétique ; ce fut pourtant une figure originale. En montant la rue Notre-Dame-de-Lorette à droite, un peu au-dessus de la rue Bréda, on aperçoit une petite maison, évidemment bâtie du temps du premier empire, classique d'aspect, comme une pendule d'il y a soixante-dix ans, et précédée d'une petite cour séparée de la rue par une grille. C'était là que Daubigny travaillait. Une petite porte, s'ouvrant à gauche sur un étroit escalier, menait tout droit à son atelier, si vaste. On voyait, chaque jour, un homme d'aspect robuste, la barbe entière, une barbe grise qui lui donnait un aspect rustique, dans le genre du poëte Gustave Mathieu, pousser cette grille, prendre les lettres que lui tendait sa concierge, et franchir la porte de son atelier pour se mettre au travail. C'était Daubigny, Daubigny heureux entre sa femme et ses enfants, dont l'un, Karl, marche hardiment parmi les premiers des paysagistes nouveaux. Il se rappelait ce temps d'autrefois, les heures d'épreuve où, pour vivre, il illustrait des livres, il dessinait, pour *les Mystères de Paris*, d'Eugène Sue, des *vues* de l'Allée des Veuves ou de la rue aux Fèves, du cabaret du *Lapin Blanc*, ce qui valait encore mieux que de peindre des dessus de boîtes de Spa, ou des *tableaux-pendules*, comme il avait été d'abord réduit à le faire pour Robert, l'horloger de la rue Portefoin.

Vraiment, les peintres d'aujourd'hui ont beau jeu à se plaindre lorsqu'ils ne *vendent pas*, comme ils disent. Ne pas vendre, c'est ne pas vendre un tableau dix ou douze mille francs. Aux prix où certains Américains ont payé les tableaux de genre, combien devrait-on payer les joailleries d'Eugène Delacroix, si un Delacroix nouveau nous était né? Les peintres fashionables et élégants d'aujourd'hui, qui font partie d'un Cercle, qui se cravatent de blanc aux *premières*, qui obtiennent une décoration dès qu'ils ont trois médailles, — ce qui peut les mener en trois étapes, en trois ans, à un but que les écrivains mettent vingt ans à atteindre, — les peintres *gommeux* d'à présent, pour tout dire, se plaignent de la difficulté qu'ils ont pour *arriver!*—Arriver à la fortune et à un petit hôtel, soit. Mais ces vrais artistes qui s'appelaient Jules Dupré, Théodore Rousseau, Diaz, Paul Huet, J.-F. Millet, souffraient bien autrement! Jules Dupré peignait *pour quinze francs* des devants de cheminée. Théodore Rousseau vendait parfois un chef-d'œuvre pour avoir, non pas même du pain, mais du tabac. Géricault donnait au fils de Jamar, son marchand de couleurs et de toiles, le *Cuirassier*, qui est au Louvre, en lui disant : « Je ne veux pas *l'effacer* moi-même. Ce cuirassier est à vous si vous me donnez une toile neuve ! » Millet, le rustique et solide Millet, souffrit plus que tous les autres. Lui, littéralement, il resta plusieurs jours sans manger. Il connut les jours sans pain pendant lesquels il poursuivait toujours son rêve. « Et ils se plaignent, ceux d'aujourd'hui ! nous disait, en haussant les épaules, un des plus grands parmi ces anciens. Ils se plaignent ! Et ils s'appellent artistes ! Des marchands, des *modistes*, des négociants, des spéculateurs, des boursiers de la peinture, soit ! Mais des artistes ! Allons donc ! Les derniers sont morts ! »

Je ne prends pas au mot la boutade pessimiste ; elle a du vrai pourtant. Ce Daubigny partait, la nuit, à pied, avec son ami Geoffroy Dechaume, pour aller, à l'aurore, étudier les coteaux et les pommiers de Valmondois, près de l'Ile-Adam ! C'était là que, jadis, il avait été mis en nourrice chez la mère Bazot, et un de ses plus beaux tableaux, c'est cette *Maison de la mère* Bazot, que l'artiste, devenu un maître, peindra avec émotion en mémoire de ses premiers pas faits à l'ombre de ce toit de chaume et sous ces grands arbres touffus!

On retrouvait à l'Exposition Universelle plusieurs œuvres de ce naturaliste puissant, qui aima, qui rendit les bords de rivière, les grandes plaines, les masses d'arbres, les clairs de lune mystérieux, les matins argentés et les soirs mélancoliques avec une vigueur souveraine.

D'autres absents, — très-glorieux et très-intéressants, — c'étaient les peintres militaires, consignés à la porte du *temple de la paix*. C'était grand dommage. M. Édouard Detaille, dessinateur admirable, talent solide et nerveux, précis, net et d'une vision si juste, avait envoyé au Salon son *Bonaparte en Égypte*, reconstitution curieuse et bien remarquable du passé, et M. de Neuville était forcé d'exposer chez Goupil le *Bourget*, son chef-d'œuvre.

Vraiment M. A. de Neuville pouvait, à bon droit, être chagrin. Il avait terminé là une toile d'une dimension plus vaste que ses dernières compositions, et d'une valeur supérieure, considérable. C'est le dénoûment de ce *Combat du Bourget* qui fut peut-être le plus dramatique épisode du siége de Paris. Les derniers défenseurs du Bourget, une poignée d'hommes, mobiles de la Seine et voltigeurs de l'ancienne garde, viennent de se rendre, après s'être défendus jusque dans l'église. La grande rue du Bourget et les alentours de cette église sont noirs du fourmillement des troupes allemandes et de leurs canons légers, à affûts d'un bleu tendre. Des officiers français criblés de blessures, des soldats saignants et harassés sortent de leur suprême poste de combat, et les Allemands s'arrêtent, comme étonnés de les voir si peu nombreux. Au milieu de ces héroïques prisonniers, on remarque la belle tête martiale du commandant Brasseur, qui fut l'âme de ce combat, et le visage du lieutenant Ozou de Verrie, qui, plus tard, se fit l'historien de la rude journée. Des débris d'armes et d'uniformes gisent épars sur le sol fumant de la bataille. Rien n'évoque ici l'idée de la haine, mais plutôt celle de l'héroïsme et du devoir accompli.

Cette œuvre virile et vraie — la meilleure, à coup sûr, qu'ait signée le peintre populaire des *Dernières Cartouches*, — méritait d'être vue et fait définitivement la renommée de M. A. de Neuville.

Mais il est temps de juger, non les *absents* de l'Exposition, mais les présents.

L'Exposition de 1878 aura été une singulière *mise au plan* pour telles réputations hautes. Henri Regnault y aura, par exemple, quasi-sombré, comme Fortuny. Il est évident que les tableaux les plus célèbres de Regnault, le *Juan Prim*, l'*Exécution à Grenade*, la *Sortie du Pacha* elle-même ont paru singulièrement ternes. L'éclat est passé. Les figures s'enfoncent dans la toile et semblent sans relief. Nous n'avons pas, il est vrai, la *Salomé*, qui reste l'œuvre la plus originale et la plus saisissante de Regnault, et il serait profondément injuste de se montrer sévère pour un jeune homme qu'une balle stupide a brutalement arrêté au seuil du triomphe et de la vie. On a vu, par les Lettres du peintre, tout ce qu'il portait de visions et de rêves dans son crâne qu'un peu de plomb vil devait trouer. Mais cette destinée inachevée a grandi la renommée de l'artiste. En regardant les tableaux du peintre, on voyait encore, on apercevait toujours le héros de Buzenval, tel que l'a sculpté Degeorge, la capote brune sur les épaules. L'Exposition posthume à l'École des Beaux-Arts de ses dessins, de ses *études*, de ses aquarelles, de ses projets, avait donné une haute idée de la vaillance laborieuse de cet homme jeune, impétueux, inassouvi. Le grandissement de sa mémoire était non-seulement naturel, mais juste. Il y avait du sang dans la couleur de Regnault.

Aujourd'hui, on revoit des tableaux qui datent de dix ans et on les juge. On serait presque tenté de donner raison au général Prim, qui se montra si peu satisfait de son portrait et refusa le tableau. La fougue superbe y est toujours, mais ce grand cheval couleur d'encre d'un noir bleu et la tunique de même ton de Juan Prim font sur la toile comme une tache; on croirait qu'on a renversé là une écritoire. Dans l'*Exécution à Grenade*, le bourreau gigantesque se perd littéralement dans le fond mordoré du tableau, et la fameuse tache de sang, qu'on a méchamment comparée à de la gelée de groseille, semble un tire-l'œil tapageur. Le petit portrait de Mme de Bareth et le joli portrait de Mme Duparc sont plus simplement traités, mais, comme toujours, dans le portrait de Mme de Bareth, les accessoires, la toilette, la robe, l'éventail, tiennent une place plus importante que la figure, qui semble avalée. Et la *Sortie du Pacha!* J'en avais gardé un souvenir charmé, quelque chose comme un éblouissement. Je la revois : elle me semble terne. Il y a de l'élégance dans tel cheval gris, bien allongé et très-fin, mais je l'ai rencontré déjà, ce cheval, dans les tableaux de Fromentin. Bref, l'exposition d'Henri Regnault a été pour moi une désillusion. Ses aquarelles seules se soutiennent. Il y a dans l'*Intérieur de Harem* des tapis d'une richesse et d'une souplesse incroyables. Les pieds enfonceraient dans cette laine multicolore. Quant aux personnages, M. Louis Leloir les traite avec une délicatesse plus grande. Mais, encore une fois, ne jugeons pas en dernier ressort cet admirable tempérament d'artiste d'après ce que Regnault a laissé. La fleur luxuriante était à peine ouverte. Nous n'avons eu que son printemps, et l'étonnant coloriste s'est d'ailleurs comme résumé, révélé et affirmé dans cette *Salomé* qu'on a trop imitée depuis son apparition, mais qui reste l'œuvre décisive du jeune maître tragiquement emporté et qui, dans l'histoire de notre art, marque une note nouvelle et une étape en avant.

Il est fort intéressant de revoir ainsi, après des années et à distance,— dans le demi-jour d'une fraction de postérité, — les œuvres qui nous ont ému et qui semblaient faites pour la durée. L'exposition de M. Meissonier, quoique très-intéressante, est inférieure à celle de 1867. Depuis lors, ce grand peintre des infiniment petits est tombé dans une facture minutieuse et sèche. Ses reîtres du temps jadis, ses liseurs, ses amateurs, ses philosophes du dix-huitième siècle, ses sacripants emportés par la furie de la *Rixe* et ses fins écouteurs d'une lecture chez Diderot étaient plus grassement et plus largement peints. Peut-être M. Meissonier arrive-t-il à trop de soin dans sa manière de travailler. Lorsqu'il a composé son *Peintre d'enseigne*, il a tout d'abord exécuté sur un panneau grand comme nature le Bacchus vu en perpective et de côté que le barbouilleur est en train d'achever.

Voilà qui est fort bien. Mais l'exagération de cette méthode est assez drôlement raillée par cette légende d'atelier qui veut que Meissonier verse du sucre en poudre sur la terre sèche lorsqu'il a à peindre un effet de neige. M. Meissonier est un peintre unique en son genre et dont certains tableaux sont précieux comme les meilleurs flamands. Je l'admire autant que personne, mais je lui voudrais un peu de cette largeur, de ce superbe laisser-aller qu'il a su mettre dans une admirable page, *la Barricade*, dont l'étonnant et dramatique aspect nous a tant frappé, lors de la vente Eugène Delacroix.

Cette largeur, je ne la retrouve pas dans tous les tableaux exposés au Champ de Mars. Le portrait de M. Alexandre Dumas est décidément sec et dur. Le *Portrait du sergent* manque de l'enveloppe charmante de l'air. Cela est d'une crudité désagréable. En revanche, quel petit chef-d'œuvre que *Moreau et son chef d'état-major Dessoles avant Hohenlinden!* Debout sur un tertre couvert de neige, les deux généraux, dans ces uniformes amples et sévères de la République, fouettés par le vent, interrogent les profondeurs d'une forêt où il semble qu'on ait, à travers les branches dépouillées, la sensation du fourmillement de l'ennemi. Un hussard pittoresquement accoutré et fièrement campé tient les rênes des chevaux de Moreau et de Dessoles. Rien de plus fin, et à la fois de plus nerveux, de mieux dessiné, de plus admirablement traité, que cette toile, une des meilleures du maître. Comment M. Meissonier a-t-il pu exposer, à côté, ce *Portrait de Mme* ***, une esquisse, une pochade sans aucune de ses qualités ordinaires? On lui a souvent reproché de ne pas savoir peindre les femmes, et les jolis dessins des *Contes Rémois* avaient victorieusement répondu à une semblable critique, mais le *Portrait de Mme* *** expliquerait totalement un tel reproche.

Le paysage d'*Antibes*, avec ses deux cavaliers (M. Meissonier et son fils, je crois) sur la route incendiée de soleil, sa mer moirée de bleu et de vert, rappelle la *Route de Brindisi* de M. de Nittis, mais il a moins de lumière et d'accent. Je n'admets pas non plus que la perspective soit exacte qui, d'un trait, fasse paraître si petit, quasi minuscule, le personnage placé à droite, sur la grève. L'*effet* peut être mathématiquement juste, mais pour le rendre acceptable, il fallait une atmosphère, un plein air qui donnât la sensation même de l'éloignement, la proportion des plans.

M. Meissonier a envoyé plusieurs vues du Midi, *le Chemin de la Salice, les Joueurs de boule*, qui sont plus crues qu'éclatantes, plus enluminées que lumineuses. Ce sont de petits bijoux, sans doute; mais l'or n'est pas de première qualité. Les plages de Nice ou d'Antibes de M. J.-C. Meissonier fils sont aussi remarquables, et, quant à l'effet de soleil, à l'impression de la chaleur dégagée, au *rissolement* de la nature, comme dit Charles Dickens dans la *Petite Dorritt*, je trouve tout cela plus chaudement rendu dans l'unique tableau de M. Victor Cousin exposé au Champ de Mars et que le peintre appelle *A l'août*. Là, le ciel est d'un bleu intense, le blé jaunit et les moissonneurs se courbent sous un soleil implacable, tandis qu'une masse de bois se détache, immobile, dans l'air lourd. Je ne sais pas beaucoup de paysages meilleurs et plus vrais que celui de M. Cousin.

Les Cuirassiers de M. Meissonier, avec leurs uniformes de 1805, sont supérieurs à ses paysages. Le peintre a longtemps travaillé à ce tableau qui précéda, je crois, dans son atelier, *le Friedland*. Les cuirassiers sont en ligne, attendant froidement le moment de charger. Leur escadron, tiré au cordeau, fait la plus mâle figure. Chaque physionomie est un type très-vivant, très-français et très-militaire. Sous l'uniforme, on retrouverait pourtant le paysan, le grand gars alsacien ou lorrain. Les officiers, reconnaissables à leurs épaulettes d'argent, serrent la file de leurs hommes. L'un d'eux caresse son cheval. Un des cuirassiers essuie son casque, comme pour se parer avant le combat. Devant la ligne sévère de ces cavaliers arrive, au pas de sa monture, un général suivi de hussards et, au fond, de tout petits soldats, d'une finesse, d'un esprit, d'un mouvement extraordinaires, défilent, artilleurs allant prendre position, fantassins le fusil sur l'épaule. Ces derniers plans, dans ce tableau comme dans celui de *Friedland*, sont supérieurement traités. M. Detaille, dans son *Bonaparte en Égypte* (au Salon), a sur ce point suivi l'exemple de son maître. En résumé, ce tableau des *Cuirassiers* est une œuvre absolument remarquable, et cette infanterie surtout, marchant à l'horizon d'un pas si allègre, est d'une étonnante exécution. Je louerai aussi le terrain, si profondément labouré et qui rappelle cette terre boueuse où Meissonier enfonçait l'état-major de Napoléon dans son « 1814 ».

M. Meissonier est une personnalité assez haute et assez originale pour mériter la grande médaille d'honneur que lui a décernée le jury. Il voit la vie par le gros bout de la lorgnette, mais il la voit bien et il la peint excellemment. La médaille de M. A. Cabanel sera plus contestée, non que son œuvre ne soit pas excellente, mais parce qu'il l'avait obtenue déjà en 1867, comme M. Meissonier, du reste, et que, se trouvant juge et juré, il devait, par décence, se mettre hors concours. En vérité, à force d'entendre louer à outrance des peintres de *chic*, des partisans de la *tache* pour la *tache*, des *trivialistes* et des *impressionnistes*, j'en arriverais à défendre, contre toutes les plaisanteries qui courent les ateliers et les dédains d'artistes qui affectent de ne voir en eux que des *bourgeois* et des *médaillards*, ces dessinateurs savants qui se nomment Bouguereau ou Cabanel. Je sais bien ce qui leur nuit, aux yeux des nouvelles générations artistiques : c'est leur exclusivisme, leur volontaire étroitesse de jugement. « J.-F. Millet enverrait des toiles au Salon *que je les refuserais* encore ! » disait naguère à un ami M. Bouguereau, qui se croit évidemment, avec un entêtement et un aveuglement semblables, un grand prêtre du goût en péril. Ce qui nuit à ces maîtres, devant l'opinion des artistes indépendants, c'est le souci qu'ils prennent d'eux et de leur Atelier, ne récompensant que leurs élèves, et tenant boutique d'enseignement. « Je vois partout, disait Stendhal à propos du *Salon de* 1824, partout « des artistes âgés, gravement *occupés à sa-* « *voir si des jeunes gens ont plus ou moins bien* « *imité leur propre manière de peindre.* » Et voilà justement la question. David trouvait que Prudhon était un peintre médiocre. M. Bouguereau est logique en détestant Millet (qui devait peu le goûter), mais il serait odieux en le refusant. Je le répète, c'est cet exclusivisme, ce système de l'art fermé et confisqué au profit de quelques-uns qui ont irrité la génération nouvelle contre ceux qu'elle nomme encore les *membres de l'Institut*.

Mais si les étroitesses des uns sont blâmables, les mépris affectés des autres sont ridicules. M. Bouguereau n'est pas si médiocre et M. Cabanel vaut bien, je pense, l'*impressionnisme* et les *impressionnistes*. Parlez, il est vrai, de M. Octave Feuillet à un disciple de M. Zola, et vous verrez ce qui vous sera répondu. Bref, M. Cabanel a envoyé à l'Exposition quelques-uns de ses portraits les plus goûtés et, entre autres, cette *Duchesse de Luynes*, entourée de ses enfants, dont il disait modestement, m'assure-t-on, à une dame qui lui demandait son portrait : « C'est le dernier mot de l'art. » A quoi la dame répondait finement : « Pour moi, je me contenterai de l'avant-dernier. »

Le portrait de *Mme Mercy-Argenteau*, cette belle rousse peinte sur un fond vigoureux, est resté un des meilleurs de M. Cabanel, malgré l'étrangeté de la pose qui est un peu celle d'une tireuse de cartes. Les autres portraits, depuis leur apparition première, me paraissent s'être un peu liquéfiés et fondus.

M. Cabanel a joint à ces œuvres une grande composition inédite et destinée à l'église Sainte-Geneviève (Panthéon). Les colonnes qui coupent en trois tronçons cette peinture, d'un ton de fresque, nuisent à l'effet général, qui est bon. La composition de M. Puvis de Chavannes, *Sainte Geneviève*, a plus d'accent, les silhouettes s'y détachent avec une majesté plus grande, mais ce *Saint Louis, roi de France*, de M. Cabanel, n'en est pas moins quelque chose de considérable et de supérieur. Le saint Louis de droite abuse, il est vrai, du droit d'être malade en Palestine. Il est exsangue et défiguré. Je l'aime mieux assis et rendant la justice. La composition de gauche, Blanche de Castille, entourée de savants et instruisant son fils, est tout à fait jolie. Le clerc penché sur son gros livre et lisant est une figure d'un dessin superbe. C'est d'ailleurs par le dessin qu'une telle œuvre, vaste et très-peuplée, se recommande. La correction en est irréprochable, et si les physionomies manquent un peu d'un certain caractère, — que M. Wauters, par exemple, et sans aller plus loin, leur eût donné sans tomber dans l'archaïsme, — en revanche, tout est mis en scène avec un soin, un goût, une *maestria* supérieurs. Je comparerais volontiers cette immense page, vue de loin, à un grand tapis un peu décoloré, mais singulièrement harmonieux, où le bleu pâle, le rouge un peu passé, le gris tendre, se marieraient dans des teintes douces. Il n'y a aucune critique dans mes épithètes. Ce ton général est volontaire de la part de M. Cabanel, et ce *Saint Louis*, sorte de triptyque gigantesque, fait le plus grand honneur au peintre du *Poëte florentin* et des rêveuses et maladives filles des bords de l'Arno.

M. Hébert, qui aime aussi les teints pâles et les yeux cernés des fillettes poussant la songerie jusqu'à la fièvre, a exposé une *Nymphe des bois*, apparaissant, nue et saine, sur un fond sombre égayé du sourire d'un iris, et cette nymphe fort belle, superbe, le sein droit baisé par la lumière, est vraiment d'une tonalité superbe. L'anémie a quitté le poétique pinceau de M. Hébert. Il a laissé la *mal'aria* à Rome, ou du moins il a choisi parmi ses œuvres exposées depuis 1870, celles qui ont le plus de suc et de saveur. La *Muse populaire italienne* est une belle fille au teint bronzé et aux grands yeux noirs. La *Tricoteuse*, enveloppée dans sa petite limousine, travaille au fond des bois, dans ce clair-obscur dont M. Hébert enveloppe ses figures comme d'un mystère.

Il y a là une poésie évidente et un charme personnel. La *Nymphe* de M. Hébert m'a séduit, et ses autres toiles m'ont fait grand plaisir à revoir. Il est le peintre mélancolique des amours enfuies, et c'est du « rayon jaune » de Sainte-Beuve qu'il caresse, comme d'une auréole d'or, les visions de ses rêves.

Certes, M. Hébert pouvait prétendre à une des grandes médailles du concours. Il ne l'a pas voulu. M. Bouguereau a été moins discret. Bien des œuvres de l'exposition de M. Bouguereau nous étaient connues, mais il en est six que le public n'avait point jugées. La plus remarquable est *la Nymphée*. Dans une source pure sortant d'une grotte, treize nymphes (elles ne sont pas superstitieuses) se baignent, roses et nues, tandis que des indiscrets les regardent à travers le feuillage. Le point de vue est coquet. Toutes ces chairs sont satinées, tous ces pieds sont roses, ces têtes blondes ou brunes ont également des sourires exquis et des yeux d'émail. Ce n'est pas la vie, mais c'est le songe, un étalage charmant de corps soyeux, de hanches délicates, de gorges aimables. La nymphe qui se balance est coquette comme le *Printemps* de

M. Cot, élève de M. Bouguereau, Ne demandez pas à ces *nus* le frisson et le charme attirant de la réalité. Ces nymphes si purement dessinées ressemblent à des mythologies de keepsakes.

C'est le défaut de M. Bouguereau : il sacrifie le vrai au joli, même lorsqu'il peint *la Grande sœur* en train de mettre des bas à son petit frère. Les anges, dans son *Ame au ciel*, sont jolis comme des amours, avec des ailes roses et bleues, comparables à celles des papillons. « Avez-vous jamais vu des anges ? » disait Courbet. Sa *Charité*, coiffée comme celle de Paul Dubois, et qui rappelle un peu trop celle d'André del Sarte, est vraiment belle dans son calme, mais le joli envahit les enfants qu'elle recueille. Je donnerais tous ces *babys* pommadés pour un amour de Paul Baudry ou un petit diable aux yeux profonds de Carolus Duran.

Et pourtant M. Bouguereau sait être vrai, lui aussi. Dans son *Portrait de Mme B....*, une grosse dame qui croise ses mains grasses, les mains justement, ces doigts où étincelle un rubis, sont d'un dessin et d'un modelé surprenants. Et n'est-il pas vivant aussi, ce

Portrait de M. B...., qui est, je crois, le portrait de M. Bouguereau? La *Pieta*, *Flore et Zéphyre*, toutes les autres œuvres de l'artiste ont été jugées au moment de leur apparition. « C'est du *joli laid*, » disait, trop sévèrement, un peintre de grand talent. La vérité est que M. Bouguereau cherche à plaire et qu'il plaît. C'est sa gloire, c'est sa force. D'autres assurent que c'est sa punition.

M. J.-J. Henner, dans ses *Naïades*, est le contraire de M. W. Bouguereau dans sa *Nymphée*. Il est vivant, il poursuit la saveur même, l'impression de la chair. Il donne à la nature le caractère propre à son talent, il a sa vision personnelle, mais la nature et le vrai sont toujours là, devant ses yeux. Dans un modèle tout à l'heure habillé et coiffé à la moderne et maintenant nu devant lui, il voit une nymphe antique, une Madeleine ou une Biblis, mais c'est toujours la « femme » qu'il a sous les yeux et non une figure de cire. Sa peinture, cette admirable pâte qui rend avec tant de puissance et de charme l'argile humaine, donne, au lieu des tableautins de facture et de vente accrochés dans nos Salons annuels, la sensation de tableaux d'un maître ancien apparaissant parmi les contemporains pour leur montrer l'irrésistible force de la conscience et de la simplicité. Dans son petit village, près de Bâle, Henner n'était pas loin d'Holbein qui fut son admiration première et dont il a appris la vérité; puis, plus tard, il semble qu'en allant à Rome, il se soit arrêté — en chemin, à Parme, conquis et séduit par le Corrége qui lui a enseigné tous ses secrets.

Elle est, en effet, *corrégienne* ou *virgilienne*, cette vision des *Nymphes* nues baignant leurs corps adorables dans le mystère d'une eau cachée par un bouquet d'arbres et mélancolisée par l'approche d'un doux crépuscule. Le ciel pâle, l'herbe roussie, le paysage qui entoure ces six nymphes aux cheveux blonds ou roux, est le plus beau qu'ait jamais signé Henner. Il est comme le résumé puissant de sa manière. Et de quel pinceau savoureux et amoureux de son art sont caressés ces corps féminins, ces dos exquis, ces chevelures drues et fières, plus chastes que des vêtements! La nymphe qui, d'un mouvement charmant, regarde pendre sa chevelure, est peut-être la plus adorable de ce groupe poétique et vivant à la fois. On se sent, devant cette toile, — la plus grande, je crois, qu'ait peinte M. Henner, — dans une atmosphère supérieure de couleur et d'art. Le maître ici n'a songé ni au tapage, ni à l'action directe qu'il pouvait avoir sur la foule ; il n'a vu que son œuvre même, vision de sa jeunesse, esquisse conçue à Rome et exécutée des années après, lorsqu'un ami, M. Sédille, est venu lui demander une vaste toile pour une salle à manger. C'était là comme un rêve que M. Henner portait en lui, revoyait, à l'état de projet, accroché sur la muraille de son atelier et qu'il a réalisé avec un bonheur et un talent tout à fait admirable.

Chose étrange, cet homme qui ne travaille pas pour la foule, mais pour les artistes, et d'abord pour lui, pour la satisfaction de sa conscience, s'impose à la foule elle-même qui ne va pas toujours au drame, aux batailles et à la peinture anecdotique et que l'absolue vérité frappe vivement. Je voyais, l'autre jour des ouvriers arrêtés devant ce *Portrait* de femme, la « femme au parapluie, » se détachant en noir sur un fond vert, et, blonde, regardant droit devant elle avec des yeux clairs, si étonnants. Eh bien! l'accent de vie de cette figure retenait, captivait ces visiteurs. Tous les portraits de M. Henner ont cette sincérité vivante : *Mlle D...*, *Mme Herzog*, *M. Karakéhia*, *M. C. Hayem*. Ajoutez-y le charme et cette note personnelle à l'artiste que d'autres cherchent à imiter et qui est un don de nature. L'exposition entière de M. J.-J. Henner, — qui n'est pas complète, car le Luxembourg a gardé des chefs-d'œuvre,— aura donné une haute idée d'un tel maître, aujourd'hui dans toute la force de son talent. *Le Soir*, d'une poésie si pénétrante, le *Christ mort*, d'une vigueur et d'un modelé si superbe, *Biblis changée en source*, sont des pages supérieures. Je me suis longtemps arrêté devant la *Femme au divan noir* qui fut exposée en 1869 sous le titre de *la Femme couchée*. Endormie sur un divan de satin, le bras gauche doucement abandonné dans une pose languissante, le bras droit replié sous la tête qu'il soutient, la femme repose dans une nudité chaste. Le sein, la peau, la chair, sont traités magistralement. L'oreille est d'une incomparable grâce. La figure tout entière, exécutée comme d'un seul élan, a gardé une harmonie et gagné, avec la *patine* du temps, une coloration savoureuse. Le pied seul , comme M. Henner le remarquait lui-même, le pied, retouché et refait, a verdi. Il faudrait, hélas ! qu'une peinture fût enlevée d'un seul jet comme une figure est enveloppée d'un seul coup d'œil. La *Femme au divan noir*, qui fait partie du musée de Mulhouse, reste une des œuvres capitales d'Henner, ce poëte de la femme, ce grand peintre de la chair. Et si les médailles d'honneur (qui ne prouvent rien) devaient aller à quelqu'un, c'était à lui. Mais, que prouvent ces récompenses? Les honneurs passent, les œuvres restent. Et lorsqu'un homme disparaît, ce n'est pas sur ses titres, c'est sur ses travaux qu'on le juge. La postérité ne dit pas à ses justiciables : « Qu'as-tu été ? » Mais elle leur demande : « Qu'as-tu fait ? » M. Henner ne sera pas embarrrassé pour répondre, ou plutôt ses tableaux répondront pour lui.

Je cherche les peintres qui vivent ainsi indépendants et face à face avec leur œuvre. Ils sont rares, sans doute, mais on en trouve encore. M. T. Ribot est de ceux-là. Le *Bon Samaritain*, — une des toiles admirables du Luxembourg — est vraiment peint de main d'ouvrier. C'est le pinceau d'un maître qui a pétri ces chairs, fait saigner ces plaies, tordu cette face dolente, enfoncé ces corps dans cette pénombre savante et puissante. Quelle page, et comme on eut raison de la louer lorsqu'elle fut exposée en 1870 ! La peinture de M. Ribot est d'ailleurs de celles qui gagnent singulièrement en vieillissant. Signe distinctif des plus mâles : le peintre du *Bon Samaritain* travaille pour l'avenir. J'ai vu de lui des tableaux religieux, un *Jésus parmi les docteurs*, que les années ont triplé de valeur. On semble lui garder rancune de son vigoureux talent. Ses tableaux sont déplorablement placés, sacrifiés. C'est un scandale. Une *Jeune fille*, blonde, charmante, peinte avec cette solidité que Ribot a donnée à sa vieille paysanne normande aux yeux clairs comme la mer, la *Mère Morieu*, exposée au Salon de cette année, — cette « jeune fille » a été exilée dans un couloir, derrière une porte, dans un endroit presque invisible, où je l'ai aperçue par hasard. Et le *Cabaret normand*, ce tableau si violemment traité, si étonnant, si attirant, on l'a juché au haut d'une salle, on l'a placé loin du regard ; et qui pourrait reconnaître là cette page solide qui, placée sur un chevalet, dans un jour favorable, éclaire vivement un salon de M. Debrousse? En vérité, M. T. Ribot aurait le droit de se plaindre, et, s'il ne le fait pas, c'est qu'il est de ceux qui trouvent, avec raison, que toutes les réclamations du monde sont vaines si elles font perdre un coup de pinceau.

M. Antoine Vollon est un de ceux qui auront grandi en renommée à la suite de l'Exposition universelle. Ses *Curiosités* (Salon de 1868) et ses *Poissons de mer* (Salon de 1870), qui viennent du Musée du Luxembourg, sa *Femme du Pollet, à Dieppe*, sont des toiles d'une valeur considérable. On n'a jamais mis plus de vie dans les natures mortes. Paysagiste supérieur, peintre solide de la figure humaine, comme son *Espagnol* maigre et noir, aux doigts osseux tenant la cigarette, — un Goya mieux dessiné, — l'a prouvé au Salon, M. Vollon a su mieux que personne rendre l'éclat d'acier d'une armure et le gluant d'un poisson. Quel surprenant et magnifique tableau que ces *Curiosités!* Il y a là un entassement de richesses, d'armes, d'ors et de jaspes, et M. Vollon a rendu tout cela avec une largeur superbe. Les préciosités de M. Blaise Desgoffe sont des chinoiseries à côté de ces cuirasses, de ces casques traités par M. Vollon avec la grande allure d'un Velasquez. J'ai toujours, en visitant le Luxembourg, fait devant ce grand et beau tableau une station vraiment charmée. Et les *Poissons de mer!* On les prendrait dans la main. On y enfoncerait les ongles. C'est la vérité même. L'admirable *Femme du Pollet*, vigoureuse, saine, hâlée, marchant hardiment sur la grève, nous a paru plus remarquable encore depuis que M. Vollon l'a exposée pour la première fois. Elle se détache avec un accent magistral sur tant de peintures anémiques! Certes, les maîtres peintres ne sont pas nombreux; mais, dans notre école contemporaine, parmi tous ceux qui manient le pinceau, je ne sais pas de coloriste plus puissamment doué, plus solide et plus remarquable que ce peintre, dont le moindre morceau est une œuvre.

J'aime beaucoup aussi l'exposition de M. Élie Delauney. Ses portraits ont une intensité de vie et une sévérité de modelé tout à fait frappants. M. Delauney, ce peintre de style, donne à la physionomie humaine un accent de réalité qui saisit. Telle figure, d'un ton de brique, surprend par un je ne sais quoi de palpitant qui fait qu'on crie, sans avoir vu le modèle, à la ressemblance. Le *Portrait de Mlle L...*, les profils des jeunes *Desvallières*, le *Portrait de M. Legouvé lisant*, si vivant, si vrai, si étonnant, sont des pages qui comptent, mais je ne sais si je ne leur préfère encore ces tableaux saisissants, *la Peste à Rome* et *David triomphant*, d'un sentiment antique si profond et si personnel à la fois. Le *David*, jeune et beau, d'une fierté d'éphèbe terrible, semble se détacher sur un fond de tapisserie, et *la Peste*, décharnée et hideuse, frappant de son épieu aux portes des maisons que lui désigne un ange au geste de juge, est d'une effrayante *possibilité*. Les morts tombés sur les dalles, la perspective sinistre du fond de la rue montueuse et déserte, où, pour chasser les miasmes, on a allumé du feu qui monte tristement dans l'air épais et empesté, tout ici est traité de main de maître, et fait de ce tableau un des plus remarquables de notre école classique.

Les tableaux étudiés, les bons tableaux

d'histoire ne sont pas fréquents, et M. B. Ulmann, qui pouvait en exposer plusieurs, n'en a envoyé qu'un, mais qui est durable. C'est *Sylla chez Marius*, vaste toile aux personnages multiples et qui fait à la fois honneur au chercheur par la science, au peintre par le talent. M. Ulmann, — très-justement loué pour sa *Loreley* et son *Ovation à M. Thiers*, qu'il se propose d'exécuter en grand, comme pendant à *l'Ouverture des États-Généraux* de Couder, — montre, avec son *Sylla chez Marius*, ce qu'il y a en lui de sobre et de solide. Il ne sacrifie rien à la *mode*. Une fois, avec ses *Prussiens pillant une ferme*, il a obtenu un succès très-vif et très-mérité; mais, peintre d'histoire et soucieux de l'art absolu, il est revenu à ses créations historiques : Etienne Marcel, César au Sénat, Thiers à la Chambre. Il a raison : sa voie est là. Et *Sylla chez Marius* montre bien que toute œuvre sérieuse et forte survit aux engouements que font naître les caprices des peintres de genre. Rien de plus *classique*, rien de plus académique que ce *Sylla chez Marius*, où Sylla, Sulpicius, Marius, J. Brutus se coudoient dans une terrible tragédie, et ces toges et ces Romains sont pourtant demeurés plus vivants que tout ce qui nous a divertis depuis dix ans. Cela est sobre, ferme, savant, bien compris, adrablement bien composé. Ah ! la composition ! Savoir composer ! Une vertu qui se perd ! Cette vertu, M. Ulmann la possède au suprême degré. Son *Sylla* et son *Thiers* en font foi, à des années de distance. Sylla, drapé dans sa toge, est superbe. Thiers, assis à son banc, est saisissant et vrai. Je suis heureux d'avoir à signaler et à louer, parmi tant de faiseurs de *morceaux* et tant de peintres de petites fantaisies, un véritable peintre d'histoire.

II

Je suis fort embarrassé. Les œuvres intéressantes que j'aimerais à analyser sont nombreuses et cependant l'espace m'est sévèrement mesuré. Que de tableaux me sollicitent ! Que de maîtres encore j'ai à citer ! Et je n'ai rien dit de la sculpture, une des supériorités de notre pays. Encore y a-t-il, au Champ de Mars, outre les salles nombreuses consacrées à l'art français, le pavillon de la ville de Paris où les peintures de M. Henri Lévy, la *Prédication de saint Denis* et *Saint Denis au tombeau*, les deux toiles sobres et savantes, le *Chancelier de l'Hospital* et le *Colbert et Louis XIV* de Robert Fleury (qui n'a pu achever pour le mois de mai un grand tableau représentant un épisode de la vie de Pierre le Grand), les compositions gracieuses de M. Emile Lévy : *les Fiançailles, le Mariage* et *la Famille* — destinées à la mairie du septième arrondissement — et le *Christ* de M. Bonnat, et son vigoureux et superbe *Saint Vincent de Paul prenant les fers d'un galérien*, toutes œuvres d'un intérêt considérable, me retiendraient facilement durant un long temps. Mais quoi ! il faut se borner, choisir et se contenter de donner une vue d'ensemble.

On a récompensé hautement M. Gérôme et M. Français. Le paysagiste, qui a exécuté deux tableaux d'une science magistrale dans l'église de la Trinité, est le représentant du paysage classique corrigé et *naturalisé* par l'école moderne. Son œuvre vraiment supérieure était digne d'une telle distinction. Mais sait-on quelle récompense le jury accorda, en 1867, à Jules Dupré? Une médaille de *deuxième classe*. Et parlez donc ensuite de juges et de concours!

M. J.-L. Gérôme a des travaux nombreux et intéressants, tous léchés et achevés, dans cette facture lisse qui ressemble souvent à de la peinture sur porcelaine. On ne dessine pas mieux et on n'a pas plus d'esprit, *L'Éminence grise*, *les Femmes au bain*, *le Santon à la porte d'une mosquée* nous sont connus. *Les Bachi-Bouzoucks* dansant me semblent nouveaux; c'est un tableau très-curieux, avec des costumes bien étudiés et des quartiers de bœufs qui cuisent sur des feux dont les flammes jaunes ressemblent à des pétales de fleurs. Le *Saint Gérôme*, sec et maigre, la peau molle comme un vieux gant, couché auprès de son lion, et *le Lion* seul, avec ses yeux fixes et verts, presque phosphorescents que M. Gérôme a peint d'après nature chez le dompteur Pezon, sont fort amusants. On trouvera que les femmes nues du *Bain turc*, avec leurs corps lisses et blancs, sont de jolies petites statuettes d'ivoire ; mais en revanche le groupe de *Gladiateurs* que M. Gérôme expose, comme sculpteur, est d'une facture puissante et mâle. C'est à la fois l'œuvre d'un savant et d'un artiste. On m'a conté que dès qu'un détail de costume ou d'armure lui manquait, M. Gérôme quittait le boulevard de Clichy pour Pompeï, allait croquer là-bas ce dont il avait besoin et rentrait à l'atelier, par train express, pour continuer son œuvre. M. Gérôme est un artiste à qui le respect de ses confrères ne marchandera jamais ni la conscience ni le dévouement à ceux qui débutent.

Le *Bain d'été* à Pompeï, de M. G. Boulanger, ressemble fort au *Bain turc* de M. Gérôme. Ce sont les mêmes petites femmes agréablement savonnées. Les scènes antiques de M. Boulanger sont avenantes, savantes et gracieuses. On les prendrait pour des illustrations du *Joueur de flûte* d'Émile Augier, au temps où le néo-grec et le romain étaient à la mode au théâtre et dans les ateliers. La brosse de Courbet a balayé tout cela.

M. Jules Breton n'est point Courbet, mais c'est un naturaliste sincère. Il nous plaît par ce charme particulier qu'il sait donner à ses paysannes, des paysannes qui *tourneront* mal. Leur rusticité n'est point sans grâce et leur grâce sans vérité. *La Sieste*, avec ces paysans et ces jolies filles endormies comme écrasées, quelques-unes dormant le sein gonflé, au pied d'un arbre, est d'une vérité puissante. La petite esquisse du *Feu de la Saint-Jean* vaut le tableau, et tel paysan breton portant un cierge et se rendant au pardon est un morceau achevé. M. Jules Breton a envoyé, avec sa *Fontaine*, qui lui valut la grande médaille en 1872, un tableau qui sort de sa manière ordinaire, les *Pêcheurs de la Méditerranée*. C'est une marine : au bord de la mer bleue, les pêcheurs sont occupés à tirer un bateau vers le rivage. Sur les galets, des écorces d'oranges ; au loin, les Pyrénées neigeuses. La couleur fraîche de cette toile est des plus heureuses et des plus vraies.

M. Paul Dubois, peintre, est une sorte d'Henner moins libre et recherchant plus vivement la correction. Nous connaissons tous ses portraits, mais son *Monument de Lamoricière* le place sans conteste au premier rang de tous les sculpteurs vivants. C'est une œuvre maîtresse que ce monument où le bronze et le marbre se marient avec un art si complet. La figure martiale du mort, couché dans son linceul comme un soldat dans son manteau, *la Charité* et *le Courage militaire*, que nous connaissions, sont aujourd'hui complétés par *la Méditation* et *la Foi*, encore exécutées en plâtre, mais qui seront bientôt en bronze. *La Méditation* — représentée sous les traits fins et réfléchis d'un vieillard — m'a moins séduit que *la Foi*, que cette juvénile et pure figure levant avec tant de ferveur ses mains jointes. *La Charité*, si calme, si maternelle, a pour digne pendant cette figure vivante et charmante, et la cathédrale de Nantes possédera avec ce *monument* une œuvre comparable aux plus beaux morceaux de la Renaissance, au tombeau de Louis XII à Saint-Denis, et au tombeau de Dreux-Brézé à Rouen.

M. Bonnat a exposé trop de tableaux, trop de portraits. Le procédé apparaît. On découvre immédiatement la manière. Toutes les figures sont enveloppées d'un clair-obscur qui rappelle l'éclat de la lumière électrique. *M. Thiers*, *Mme Pasca*, *Mme P. B...* et sa robe de satin bleu, et cette autre dame, fort jolie, vêtue de satin noir, des gants jaunes aux mains, une fleur jaune piquée dans sa toilette, les épaules nues, se détachent sur un fond lumineux qui semble produit par les éclairs Jablockoff ou plutôt des vapeurs d'acide sulfurique. Le talent du peintre est à la fois robuste et gracieux, mais l'uniformité de la manière fatigue. On prendrait ces portraits pour des photographies agrandies. *Don Carlos*, fumant sa cigarette, la main sur la garde d'une épée où brille une fleur de lis, est bien peint, mais c'est l'or des parements, les galons de l'uniforme que M. Bonnat a traités avec le plus de soin. Le reste (chose bizarre) est dans l'ombre. Ce qu'il y a de plus joli dans l'exposition de M. Bonnat, c'est sa série de petits Italiens et de petites Italiennes. Mais ce qu'il y a de plus remarquable, c'est son esquisse d'après *M. Robert Fleury* le père. Voilà un morceau inachevé qui vaut toutes les toiles finies. La tête est superbe, les yeux ne sont que deux trous noirs, mais ils vivent. Ce visage émacié palpite ; le vieillard, la main dans son gilet, est vrai comme la vérité. Ah! si M. Bonnat poussait moins loin ses œuvres et s'arrêtait à ce moment-là !

M. Tony Robert Fleury, le fils, figure à l'Exposition avec d'excellents petits portraits de femme, son *Pinel à la Salpêtrière* et le *Dernier jour de Corinthe,* qui lui valut la médaille d'honneur en 1870, et qui reste une noble, grande et savante page, digne de tout éloge. On peut dire que la toile a gagné depuis huit ans.

M. Jean-Paul Laurens se présente, avec sa belle exposition, comme une personnalité robuste, sévère, portée aux scènes violentes et sanglantes, que sa première éducation explique bien. Son ami, M. Ferdinand Fabre, le vigoureux romancier, vient de raconter, dans le *Roman d'un Peintre,* l'enfance éprouvée et la vie sobre et fière de M. Laurens, et ces pages d'histoire sont des meilleures parmi celles du remarquable conteur, profond et grave. Telle fut la destinée de l'homme, telle est l'œuvre du peintre ; quelque chose de mâle, de souffrant et d'austère. On prendrait M. J.-P. Laurens pour un de ces maîtres espagnols qui se plaisaient aux spectacles des forts, à la vue des douleurs bravées par les martyrs. Les tragédies les plus sombres n'effrayent pas ce peintre puissant. Une vieille paysanne normande, farouche et cruelle, Victoire Tranchart, agonise. J.-P. Laurens, à travers la fenêtre ouverte, s'approche, étudie la mourante et jette sur la toile une *Étude* qui est un chef-d'œuvre. Il a, comme les fiers, le mépris de la mort, et il la rend avec toute son horreur et toute sa majesté. On a pu étudier, au Champ de Mars, l'œuvre complète de Laurens, depuis ce superbe *Saint-Ambroise instruisant Honorius* et le *Jésus chassé de la synagogue*, qui datent de 1870, depuis ce *Pape Formose*, exhumé par ordre d'Étienne VII, qui fut un succès du Salon de 1872, et, avec l'*Exécution du duc d'Enghien*, attira définitivement l'attention sur le nom du peintre, jusqu'à ce *Marceau mort* qui lui a donné la gloire. L'austère *Cardinal*, rouge sur fond rouge, la mélancolique et charmante petite *Marthe* avec sa robe grise, l'*Interdit*, *Robert le Pieux excommunié*, les *Funérailles de Guillaume le Conquérant*, la *Piscine de Bethzaïda* se retrouvent là avec leurs qualités solides. Regardez le portrait de l'auteur, peint par lui-même pour la *Galerie des uffizzi* de Florence. En voyant cette tête pétrie de volonté et de fermeté mâle et sympathique, vous comprendrez le talent de Laurens. L'ouvrier explique l'œuvre. M. F. Fabre raconte qu'un peintre dit, en voyant J.-P. Laurens tout petit : « Voilà Michel-Ange enfant ! » Et, vraiment, il y a quelque chose du visage de Michel-Ange dans cette tête osseuse et puissante. Tout entier voué à son labeur, vivant sans bruit — mais non sans renommée — entre sa femme et ses enfants, aujourd'hui peignant *un Empereur* enfant, le front écrasé par la couronne, demain illustrant d'une façon inoubliable l'*Imitation de Jésus-Christ* et les *Chroniques mérovingiennes* d'Augustin Thierry, M. J.-P. Laurens est un des plus robustes parmi les artistes de ce temps, un des plus sincères et des plus justement honorés. Il peut dire fièrement, comme Verdi : « Je suis un paysan ! » Un sol robuste a produit ce talent fort,

C'est une belle chose qu'un bon portrait. Le *portraitiste* lègue à l'avenir les physionomies de son temps. Il est à la fois historien et romancier par l'analyse des sentiments et les types, N'est-ce pas comme l'histoire du second empire que nous a contée M. Carolus

Duran avec son portrait de Mme Feydeau, son portrait de Mme de Pourtalès, sa *Dame au gant*, si belle, si vivante et si simplement posée ?

Nous retrouvons au Champ de Mars la plupart des toiles que nous avons jugées lors des derniers Salons : *Au bord de la mer* (Mlle Croizette), l'*Enfant bleu*, *Dans la Rosée*, le portrait respirant, pensant et écrivant de M. E. de Girardin, et cette adorable *Marie-Anne* Carolus Duran, brune et souriante, qui est un des chefs-d'œuvre du peintre. A toutes ces toiles célèbres, M. Carolus Duran, ce maître portraitiste, a joint un *Portrait de Gustave Doré*, assis, le pinceau à la main, en vareuse de travail, découpant son alerte physionomie sur une draperie verte, et un petit *Portrait de M. Pasdeloup*, gros et haut en couleur, qui est une merveille d'exécution.

M. Jules Lefebvre devait envoyer à l'Exposition une *Diane au bain* qu'il « parfait » depuis deux ou trois années, mais il a voulu pousser plus loin la facture de cette toile, son œuvre de prédilection, et nous ne rencontrons au Champ de Mars (mais avec grand plaisir) que des pages connues, appréciées déjà, toutes marquées à ce coin délicat et élégant, d'une rare pureté de ligne et d'expression qui est comme la marque du peintre de *Mignon :* c'est la célèbre *Femme couchée,* savoureuse et provocante, avec sa carnation saine de belle brune se détachant sur un fond rouge (on a dit, à tort, que le modèle fut Adah Menken, l'écuyère poëtesse); c'est *la Vérité*, éclatante dans sa majesté et vêtue de nudité, si je puis dire; c'est *le Rêve*, c'est la *Madeleine* rousse du Salon de 1876. Toutes ces œuvres ont un caractère élevé et forment une exposition vraiment supérieure. Et quelle profonde vérité, quel sentiment, non-seulement du visage, mais de l'âme, du regard et de la pensée, en ces portraits, dans le goût de Flandrin, qu'a réunis là M. Jules Lefebvre ; *Mlle L. L.*, d'une intensité de vie si profonde, avec ses cheveux d'un blond pâle et ses bras transparaissant à travers sa robe noire ; *Mme A. Dumas,* la chevelure rousse et crespelée, élégamment enveloppée de fourrures; les deux portraits d'hommes, si vigoureusement traités, et ce *Portrait de dame en noir*, *Mme G. C.*, qui nous a frappé si vivement au Salon de 1872 et dont l'œil bleu, pâle et profond, pénètre au fond même du regard du spectateur. L'artiste, qui est capable de rendre ainsi la lueur scrutatrice de deux prunelles, est non-seulement un peintre bien savant et admirablement doué, mais un observateur délicat et sérieux de la nature humaine. Et l'on n'est un maître portraitiste et un maître artiste comme M. Lefebvre qu'avec cette vertu rare de l'analyse.

M. Jules Lefebvre a achevé depuis l'Exposition trois tableaux que le public ne verra pas, et c'est grand dommage. Ce sont trois figures de femmes : l'une est une *Italienne* aux cheveux bruns projetant leur ombre sur un front exquis et des yeux noirs ; l'autre une *Graziella* assise et rêvant sur les rochers de Capri. Rien n'est plus attirant que ces deux grandes figures, d'une exécution charmante et serrée ; rien, si ce n'est le petit profil de jeune fille anglaise, Lucy, que le peintre achevait en même temps. Et tout cela pour n'être pas vu, ou pour être admiré des seuls étrangers. Les peintres doivent souffrir en se séparant ainsi de telles œuvres.

Je joins d'ordinaire M. Hector Le Roux à M. Jules Lefebvre dans mes préoccupations artistiques, non que leur manière se ressemble, mais parce qu'une vive amitié les unit et qu'ils ont placé très-haut leur idéal. M. Le Roux, qui a donné au Salon de 1878 ses deux meilleurs tableaux peut-être, était représenté au Champ de Mars par une collection choisie de scènes antiques, d'une poésie et d'une intimité charmantes. Il est comme une sorte de Corot de la Rome antique. Sa peinture argentée fait revivre les traditions des siècles passés, *les Danaïdes* ou *la Vestale Tuccia*, remplissant un crible de l'eau du Tibre, ou *le Miracle chez la bonne déesse*, ou Claudia Quinta, la vestale, ramenant un bateau dans le port. *La Sérénade*, la *Messaline* et *la Toilette de Minerve Poliade* sont dignes de ce talent si fin, si savant et si recherché : un bénédictin du pinceau, un artiste sincère et un aimable homme. Ajoutez un peintre *personnel*, ce qui est la grande qualité.

M. Gustave Moreau, dans un temps où l'originalité devient de plus en plus rare, sait fort bien rester lui-même et ses fouilles dans le domaine de Mantegna ne lui font rencontrer du moins rien de bas et de vulgaire. Il y a de l'étrangeté et bien de l'incompréhensible dans ses rébus éclatants, mais l'artiste y est toujours debout, et ces joailleries savantes ne sont point une pacotille que tout le monde pourrait fabriquer. On prendrait les visions de Gustave Moreau pour des rêves de poëte oriental, traduits sur la toile par un Italien *primitif* ou quelque peintre hindou. Le bourreau, dans la *Salomé*, n'a-t-il pas une allure sculpturale vraiment superbe ? Et, dans cette *Lutte de Jacob avec l'Ange*, Jacob n'est-il pas bien planté et ne prendrait-on point cet ange terrible, avec son auréole bizarre et ses yeux d'idole, pour le Justicier imaginé par un voyant ? L'Hercule combattant l'Hydre de Lerne est beau comme la Force élégante mise au service du Droit. Le *Sphinx deviné*, tombant vaincu, dans le gouffre plein de cadavres, est le digne pendant du beau tableau dédié par le peintre à la mémoire de Théodore Chassériau. Et qui serait capable d'imaginer paysage plus curieusement impossible, plus féeriquement savant que celui qui encadre le *Moïse exposé sur le Nil ?* Architectures hindoues plutôt qu'égyptiennes, épanouissement de fleurs de lotus, décor stupéfiant, rayonnant comme des escarboucles, avec ses pierreries et ses jaspes, rêve de poëte, reconstruction du passé selon la méthode de

M. Flaubert dans *Salammbô*, soit. Évidemment, la peinture a un autre but que la représentation de ces visions, et il ne faudrait pas abuser de l'art fantasmagorique ; mais Gustave Moreau, nature d'élite et de foi, n'en est pas moins une des figures originales et, je dirai, respectables d'une époque beaucoup trop vouée à la vulgarité et au facile succès.

M. Louis Leloir est de tous les peintres de genre le plus délicat et le plus fin. Nul ne traite comme lui l'aquarelle. *Les Souris blanches*, *le Repos*, *la Joueuse de flûte*, *l'Oiseau bleu* sont, en vérité de petites merveilles. Cela a la grâce et le charme, la fantaisie et la vie. Comparez à ces adorables choses les aquarelles d'Eugène Lami ! Il y a toute une époque entre ces deux hommes. Et quoi de plus joli et de plus fin que *le Baptême*, une des meilleures toiles de Leloir? *Le Favori*, *le Repas*, *les Pêcheurs du Tréport*, leurs soles à la main, d'une vérité si juste, d'un ton et d'un dessin si attirants, forment, avec *la Tentation* (Salon de 1869) une exposition de choix. *La Tentation* nous montre un pauvre moine en robe de bure poussé vers le péché par d'adorables et irrésistibles filles du démon. Que les chairs, le nu, sont ici, comme les aquarelles, savoureusement traités! Ce n'est pas la couleur lunaire des tentations de Tassaert, cela est plus vivant, et garde le même charme. On se pâmerait si l'on rencontrait dans une galerie étrangère un peintre comme M. Lenoir.

Et M. John-Lewis Brown! Partout où l'on rencontre une de ses toiles, on aperçoit une jolie tache pittoresque et gaie. C'est par là que se reconnaît l'artiste de race. On a beau semer, çà et là, les toiles de Corot, elles font un trou de lumière dans la muraille. Les scènes champêtres de M. J.-L. Brown, ses femmes en jupes jaunes, ses cavaliers en habits rouges, son déjeuner sous bois, ses fauconniers, ses chiens et ses perroquets éclatent comme de vigoureuses notes artistiques. Tout cela est bien personnel, élégant, lumineux, charmant. Et les jolies aquarelles! M. J.-L. Brown est une individualité; c'est le meilleur éloge que je puisse faire de son harmonieux talent.

On a placé dans un corridor un tableau coloré, pomponné, tacheté de rose et de jaune d'un autre indépendant, M. Isabey, non loin, il est vrai, d'une œuvre de M. Signol, exilée là aussi. Dans les salles latérales ne trouve-t-on pas les magnifiques dessins de M. Lhermitte, et les éternelles et admirables scènes bibliques de M. Bida, entre autres le *Repas des moissonneurs*, avec ses belles juives aux traits réguliers ?

On a exposé M. Feyen-Perrin aussi mal que M. Ribot. Il semble qu'on ait voulu faire payer, à l'un et à l'autre, le ruban rouge qu'ils ont bien gagné. M. Feyen-Perrin avait pourtant envoyé des œuvres de choix : le *Retour de la pêche aux huîtres à Cancale*, une des toiles vraiment originales et d'une poésie personnelle du Musée du Luxembourg, les excellents portraits de *M. Mollart* et de *M. Alphonse Daudet* et cette *Fleur de Mer* qui est une des inspirations les plus charmantes de son pastel et maintenant de son pinceau. On a disséminé, çà et là, ces œuvres exquises, mais du moins M. Feyen-Perrin gagne-t-il à cela qu'on le cherche pour se plaire à cette peinture séduisante, pensive et vivante de l'auteur d'*Orphée* massacré. Il obtient donc en fin de compte un double succès. Les petites Cancalaises de son frère, M. Eugène Feyen, sont très-agréables aussi.

Parmi les *jeunes* et ceux en qui l'on espère, M. Bastien Lepage expose le *Portrait de mon grand-père*, *la Commandante* et *l'Annonciation aux bergers*. Ce dernier tableau servit de concours pour le prix de Rome. Tout le talent de M. Bastien Lepage se retrouve dans la facture réaliste des mains ridées et robustes du vieux berger. L'auteur des *Foins* apparaît déjà dans cette étrange toile où il mêlait la vérité stricte à la poésie d'un missel. Le *Saint Joseph* de M. G. Becker a justement des qualités de cette *Annonciation*, mais sa *Respha* chassant les corbeaux a noirci, comme la *Locuste* de M. Sylvestre, qui débuta par un sujet de Sigalon traité à la Sigalon. L'*Inondation*, de M. Roll, l'auteur d'un beau portrait de *M. Jules Simon*, se soutient mieux, et le *Mahomet II*, de M. Benjamin Constant, semble avoir gagné en éclat, en vigueur, en virtuosité. MM. F. Cormon, Léon Glaize, Adrien Moreau, talent fin et attirant ; MM. F. Humbert, Lucien Mélingue, H. Pille, Priou, A. Hirsch, E. Renard, qui n'a pas tenu, jusqu'ici, tout ce que promettait son *Portrait de la grand'mère* ; M. J. Steinhell, qui donne au Moyen Age un accent très-vivant, ont envoyé les œuvres qui les ont signalés à l'attention dans nos Salons derniers, mais beaucoup de noms nouveaux manquent à l'appel : M. U. Butin, le peintre des robustes matelots; M. Duez, qui sait si joliment comprendre la *modernité ;* M. G. Clairin; M. Le Blant, dont la *Mort d'Elbée* vient de *faire le nom*, manquent au catalogue. J'eusse voulu voir aussi là M. Manet et ses adeptes, M. Degas entr'autres, l'auteur d'un portrait de *Pagans* beau comme un Holbein, qui compléteraient, par une note indépendante, le concert de couleur donné par l'école française.

M. Paul Baudry n'est représenté que par le dessin du *diplôme* des récompenses à donner à l'Exposition. La composition en est fort jolie et il y a là de petits génies qui rappellent les amours de l'Opéra. M. Baudry, par quelqu'une de ses grandes compositions, eût disputé, devant la foule, et arraché le succès à M. Makart (1).

(1) M. Makart était, avec Menzel, le peintre prussien, un des triomphateurs des galeries de peinture du Champ de Mars. On m'a conté, sur l'un et l'autre, de très-piquantes anecdotes. Menzel, déjà vieux, et Makart, qui est un homme de trente-cinq ans environ, n'ont guère, l'un et l'autre

Les tableaux de bataille sont peu nombreux, puisque MM. Detaille, de Neuville, Berne-Bellecour, Lucien Sergent, Arus, etc., ont été contraints de retirer leurs toiles. M. Protais figure avec des petits soldats en marche, et M. Dupray avec une *Bataille de Waterloo* (Ney ralliant sa cavalerie) très-mouvementée, très-alerte et d'une vérité singulière. Le *Lendemain de Waterloo* de M. Bayard et un *Épisode de Waterloo* de M. Philippo-

qu'une passion profonde, la peinture. Le maître qui a peint *la Forge* à Berlin, et celui qui a groupé dans l'*Entrée de Charles-Quint à Anvers* les plus jolies femmes de Vienne — ou quelques-unes du moins, — ne pensent qu'à leur art. L'art les tient tout entier, l'un et l'autre. Menzel, le Meissonier berlinois, vit dans son atelier et pour son atelier. Il a, tout à côté de l'endroit où il travaille, une grande pièce où se tiennent ses élèves. Il entre là, examine, corrige et revient s'asseoir devant sa propre toile. Un jour, la porte de communication s'ouvre. Un de ses élèves accourt effaré :

— Monsieur Menzel! un grand malheur!

— Quoi donc!

— Le modèle vient d'être frappé subitement. Il est tombé! Nous nous sommes précipités. Il était mort. Il vient de mourir. Venez.

— Mort? répondit Menzel en regardant son élève. Il est tombé mort? J'espère que vous avez fait *un croquis!*

Dans l'écroulement d'une existence, le grand peintre, avec le formidable égoïsme de l'artiste, ne voyait qu'une chose : un motif d'étude, un mouvement à saisir. Réfléchissez à ce trait : il est révoltant ou sublime.

teaux ont pris la place des épisodes de la guerre franco-prussienne.

En revanche, on rencontre au Champ de Mars comme au Salon beaucoup de paysages.

Le paysage est une des puissances et des gloires de ce temps. On trouverait en ce genre de bien admirables tableaux dans les galeries françaises : *la Maison de la mère Bazot* à Valmondois, de Daubigny, avec sa fumée paisible montant dans le crépuscule qui va couvrir le coteau ; les *Chaumes* de Ségé ; les toiles vigoureuses de Guillemet ; tel tableau de Gosselin où l'influence de Jules Dupré a passé ; *la Mer* de M. Allongé ; *l'Espace*, lumineux, vert et tout ensoleillé, de Chintreuil, avec un troupeau de moutons trottant dans l'étendue pendant que la lune se lève ; *le Moulin* et *l'Appel* de M. Hanoteau ; les paysages de M. Harpignies, de Jules Héreau, de Lansyer, de Mesgrigny, les vues de Venise de Mouchot, et bien d'autres.

M. Paul Flandrin et M. de Curzon luttent encore pour le paysage classique. Il est trop tard, Corot a tué l'antiquité en la vivifiant.

La Rive verte de Corot, encaissée sous les

arbres, un ruisselet coulant sous une voûte qui fait songer au vers de Virgile :

Est iter in sylvis ubi cœlum condidit umbra ;

les *Petits dénicheurs*, exquis, argenté, les ciels couchants, gris et orangés du maître, ces danses antiques, ces clairs de lune, ces chemins près de quelque étang. vous séduisent et vous pénètrent, Corot garde ici son rang. Mais ne pouvait-on exposer un autre tableau que cette *Vague,* assez surfaite, de Courbet, et dont l'eau, qui court vers deux barques échouées, n'a aucune transparence et semble, avec sa bordure d'écume, une volute de jaspe? Sans compter que le ciel est lourd et semble de marbre, Ah! que cette *Vague* est loin du *Rocher* suintant exposé, naguère, à la vente Laurent Richard. Il est impossible de se former une idée de Courbet d'après cette *Vague* payée trop cher.

De beaux paysages, ce sont ceux de M. Pelouse, et une des plus admirables toiles de l'Exposition, c'est le *Château du Jura* de M. Pointelin, talent solide, sincère, ému et pénétrant qui se fera, qui s'est déjà fait, — et avec une incontestable personnalité, un sentiment profond, — sa grande place au premier rang de la peinture contemporaine. Quelle poésie et quelle paix dans ce coin de terre et ce soir tombant, si mélancolique ! M. Ed. Yon, l'auteur du *Petit flot* et de *la Seine* près de Gravon, est encore un des paysagistes nouveaux venus qui continuent la grande tradition des maîtres naturalistes. Personne comme lui ne rend la transparence de l'eau, la fraîcheur d'une berge et le frissonnement des peupliers sous le vent.

J'aurais à signaler bien des œuvres encore, et des plus *cotées*, comme on dit, les natures mortes de M. Philippe Rousseau, par exemple, et celles de Bergeret, les idylles alsaciennes de M. Jundt, les chats de M. Eugène Lambert, les fines Parisiennes de M. Toulmouche, les vaudevilles de M. Vibert, les figures solidement traitées de M. Laugée, les œuvres sèches mais savantes de M. Leconte-du-Nouy, les tableaux antiques de M. Émile Lévy, les Gaulois de M. Luminais, les portraits de M. Machard, les Américaines de M. Saintin, les Napolitaines de M. Sain, et les fins tableaux de M. J. Worms.

M. A. Kreyder est un maître dans l'art de

peindre les fleurs et les fruits. Les *Fleurs des champs*, son *Champ de blé* sont de vrais chefs-d'œuvre. Une grappe de raisin, une branche de lilas ou de roses, et l'artiste alsacien a fait quelque chose de séduisant, d'appétissant et d'éternellement embaumé.

En résumé, nous ne demandions que vingt peintres célèbres et dignes de l'être, et la France nous en a montré, à des degrés divers, plus que cela. Cette Exposition de 1878 montre, une fois de plus, sa supériorité artistique. On souhaiterait à ces peintres un idéal plus élevé, on les voudrait voir s'attaquer à de plus grandes œuvres, ne pas les entendre dire comme Courbet en montrant ses doigts : « La peinture, *c'est çà !* » Non, ce n'est pas *çà* seulement ! La peinture c'est l'âme, c'est la pensée, c'est la passion, c'est la vie. Ce n'est pas le métier seulement et l'habileté : c'est l'art et l'inspiration. En peinture, comme en littérature, ne nous habituons pas à admirer seulement la facture et le *morceau*. De la lumière et un souffle supérieur ! Des idées, surtout, l'idée qui anime et seule fait vivre la matière !

III

Cette élévation, qui manque souvent à nos peintres, nous la rencontrons du moins chez nos sculpteurs. Le *Tombeau de Lamoricière*, de M. Paul Dubois, la *Jeunesse* et la *Pensée*, de M. Chapu, le *Gloria Victis* et le *Génie des Arts*, de Mercié, sont des œuvres sincères, simples et émues à la fois, d'une largeur vivante et d'une élégance sans affectation qui font honneur à une école et à un pays. C'est vers l'Italie de la Renaissance plutôt que vers la Grèce que nos sculpteurs semblent se tourner. Ils préfèrent l'expression à la raideur, même majestueuse. Pour être plus juste, il faut dire que c'est la nature, la vie qu'ils étudient de plus près, en lui donnant cette *splendeur de vérité* qui servait à Platon pour définir la beauté. Vieille définition, toujours nouvelle et toujours juste. Pourquoi choisir ce qui est bas dans ce qui est vrai ? Le rayon de soleil est aussi *vrai* que la flaque de boue, la rose est aussi *vraie* que la fiente.

M. Guillaume, qui ne figure pas au Livret officiel, a envoyé pourtant des œuvres d'une supériorité incontestable : un *Orphée* en bronze, d'une expression étrange et d'un sentiment élevé qui rappelle certaine vision de Gustave Moreau, une *Psyché* tout à fait exquise et un *Bonaparte*, officier d'artillerie, d'une vitalité profonde. Sans compter le *Mariage romain*, digne pendant des jeunes *Gracques*. A ces compositions, M. Guillaume a joint des bustes traités avec cette virtuosité savante, sincère et vigoureuse qui caractérise l'éminent artiste : l'*Archevêque Darboy*, *M. Baltard* et un superbe portrait de *François Buloz*, le fondateur de la *Revue des Deux-Mondes*. Il y a, dans cette physionomie solide, que fait revivre le marbre, une expression de volonté et de force vraiment admirable. La bouche pleine de fermeté, la peau du cou, l'œil gauche à la paupière retombante sont des morceaux traités avec une noble maîtrise. Et parlez donc de réalisme à côté de cette vérité saine, forte et pleine de style !

M. Barrias avait, au Champ de Mars, son *Serment de Spartacus*, une jolie *Jeune fille de Mégare*, une fileuse, exposée en 1870, et des bustes remarquables, entre autres celui de *Mme Ollivier*. Le beau marbre de Cabet, *Mil huit cent soixante et onze*, rappelle noblement la mémoire d'un artiste vaillant, savant et convaincu. M. Chapu est dignement représenté par la *Jeanne d'Arc* et son *Monument à la mémoire de Berryer*. Le jeune maître est de ceux qu'on salue et qu'on aime. Les statues officielles de M. Crauk, le *Corybante* de M. Cugnot, le *Narcisse* et l'*Arion* de M. Hiolle, — un des *mainteneurs* de l'école de sculpture française, — les œuvres de ces nouveaux venus, déjà distingués, MM. Lafrance, Idrac, H. Lemaire, avec ses bustes si vivants, sa *Femme de Sonnino*, qui fait songer à la terre cuite de Bastianini qu'on voit au Louvre, Tony Noël et sa *Baigneuse* sortant de l'eau, marbre malheureusement truité de taches noires, Icard et son *David*, Schœnewerk, dont la *Jeune Tarentine* tord son corps de marbre roulé et brisé par la vague, font, eux aussi, partie de ce groupe de sculpteurs qui soutiennent dignement et ennoblissent encore ce noble et grand art. Comparez les sculpteurs étrangers à nos artistes français. Quelle différence ! En passant dans la galerie anglaise, je viens pourtant d'être vivement frappé par une énergique statue de *Cartyle*, signée de

M. Bœhm. Comme nous sommes loin de nos Français! Les Italiens tortillent et *madrigalisent* le marbre.

M. Delaplanche trouva une inspiration vraiment moderne lorsqu'il conçut son groupe si vivant, l'*Éducation maternelle*, qui sera peut-être une étape dans l'art contemporain.

Rien n'est beau que le *nu*, le *nu* seul est aimable!

diraient volontiers les sculpteurs. M. Delaplanche a osé habiller ses personnages, et il a fait une œuvre saisissante. On retrouve, à côté de son *Éducation maternelle*, son *Ève après le péché*, sa *Musique*, d'une inspiration si poétique, le *Message d'amour* et le buste de *Mme Doche*. Avec son apparence si robuste, M. Delaplanche est un des plus délicats parmi nos sculpteurs.

Un délicat absolu, c'est M. C. Degeorge, nature exquise et fine, timide et profonde. Son *Bernardino Cenci* est une des œuvres les plus charmantes du musée du Luxembourg. Ce marbre respire, vit d'une expression tendre, mélancolique et pourtant jeune. Le portrait de *Lucien* et l'excellente figure, la *Jeunesse d'Aristote*, témoignent du rare talent de M. Degeorge qui, graveur en médailles, expose aussi, dans un même cadre, de vrais chefs-d'œuvre de composition et de finesse.

L'exposition de M. Paul Dubois se compose de son *Ève*, de son *Narcisse*, des portraits de MM. Henner, Parrot et Paul Baudry, sans compter le *Tombeau de Lamoricière*. On ne saurait réunir beaucoup d'œuvres aussi remarquables. On serait tenté de dire de M. Dubois ce que Balzac disait de Victor Hugo : « C'est un grand artiste, n'en parlons plus. »

Est-il beaucoup de statues qui vaillent le *Tarcisius, martyr chrétien*, et le *Vainqueur aux combats de coqs*, de M. Falguières, qui, lorsqu'il manie le pinceau, signe une page aussi robuste que ses *Lutteurs?* Quelle grâce dolente et fine dans le corps torturé du pauvre petit martyr! Et quelle gaieté, quel élan, quelle vie dans le jeune *Vainqueur*, tout joyeux, emportant en courant son coq et rayonnant de sa victoire ! *L'Improvisateur napolitain* est morne à côté de ce *Vainqueur* d'une vitalité, d'une agilité, d'un mouvement admirables. Et songez que lorsque M. Falguières veut rendre le repos, la réflexion et la pensée, il signe sa belle statue de *Corneille*. M. Falguières, qui fut le maître de Mercié, est des plus éminents parmi ces élus qui font respirer le marbre et palpiter le bronze.

M. Mercié expose son *David* qui, dès l'abord, lui donna la réputation, et cette jolie petite *Junon* de marbre qui est à la fois un bijou et une œuvre d'art. A côté rayonne de toute l'élévation d'une inspiration haute le *Gloria Victis*, une des œuvres les plus fières de ce temps.

De charmants médaillons ou bas-reliefs et le trophée éclatant des *Armes de Persée* recommandent le nom de M. Soldi, qui s'est fort heureusement inspiré de Cellini.

Rien de plus vaillant, de plus hardi, de plus vigoureux que les deux groupes en plâtre de M. Cain, *Lion et lionne se disputant un sanglier*, et *le Combat de tigres*. Depuis Barye, personne comme M. Caïn n'a fait rugir les fauves. Il y a une rare puissance dans ces luttes farouches, et le sculpteur qui *manie* ainsi, comme un dompteur, les lions et les tigres, est un artiste rare et d'une vaillante personnalité.

Plus réduit dans ses dimensions, plus serré

dans son exécution, M. P.-J. Mène (un des noms justement populaires de l'art français) donne à ses *picadores* ou à ses *toreadores*, à ses veneurs à cheval, à ses fauconniers, à ses chevaux aux fines encolures et qui semblent hennir, une expression de vie singulièrement vive et vraie. Ce sont de vrais chefs-d'œuvre que ces élégantes statuettes et ces groupes de bronze ou de cire. Et il y a des années que M. Mène donne au public des chefs-d'œuvre semblables. Il a, au Champ de Mars, cinq de ses productions les plus exquises, et son *Chasseur africain* et son *Matador* du Salon ont le même charme, la même vérité et la même vitalité. M. Mène a de plus, comme les vrais et profonds artistes, une bonne grâce personnelle et sans fracas qui attire. Je reviendrai, un jour, sur cette physionomie qui a produit tant de statuettes originales et dont les chasseurs, les piqueurs, les chevaux et les chiens ne sont ni des tigres de Barye, ni des ours de Frémiet, mais des *Mène*, c'est-à-dire des œuvres dont la vigueur nerveuse, tout à fait supérieure, n'exclut ni la finesse ni l'esprit.

M. G. Deloye, l'auteur de la figure de *l'Au-*

triche et d'un *Saint-Marc* admirablement décoratif, a envoyé deux bustes seulement au Champ de Mars, un élégant portrait de femme, traité dans ce goût bien français, parisien et moderne, qui est la marque du talent de M. Deloye, et un buste de *Frédérick-Lemaître* où revit toute la fougue superbe, hautaine, géniale du grand acteur dont le Havre a inscrit le nom sur le marbre de son Hôtel de Ville.

Je citerai au moins avant de finir, les noms de MM. Etex, l'auteur du monument élevé à Ingres, Doublemard, Aimé Millet, A. Laoust, Moreau-Vauthier et M. Moreau, Perraud, mort l'an passé, Gautherin, Marcellin, Maillet, M. Vasselot, Mme Bertaux, MM. Tournois, l'admirable sculpteur de *Persée*, Prouha, — et j'en oublie, — pour être à peu près assuré que je ne néglige dans cette revue beaucoup trop rapide aucun artiste digne d'être signalé. Mais peut-on répondre des omissions involontaires ?

J'ai donc mené à fin cette revue, une des séductions du Champ de Mars. Tout compte fait, il me semble que, malgré ses défaillances, l'art garde encore assez bonne contenance à côté des merveilles de l'industrie, de la faïence, des meubles de choix, des étoffes éclatantes, de l'art (je dis aussi l'art) des tapissiers ou des ouvriers en céramique. Son seul défaut est de se *matérialiser* comme pour disputer, sur son terrain, le triomphe à la matière. Encore une fois, sauf dans la sculpture et quelques rares et nobles exceptions mises de côté, ce qui domine aujourd'hui, c'est le *métier*. Nous l'avons trop souvent constaté, même en cherchant à deviner les moindres efforts et à leur rendre justice. Oui, la peinture est devenue un métier pour les cinq mille peintres français (on en compterait bien quinze mille) qui vivent je ne sais comment et écoulent je ne sais où leurs produits. Sans doute, il est permis à l'artiste de vivre de son art comme le prêtre vit de l'autel :

Je sais qu'un noble esprit peut, sans honte et sans crime
Tirer de son travail un tribut légitime.

Mais tout labeur ne doit pas être subordonné au lucre. Les sculpteurs, — qui vivent de peu en général, — sont précisément ceux des artistes qui tiennent le plus haut leur drapeau. Je voudrais que les peintres songeassent un peu moins au public qu'ils méprisent, au journalisme qu'ils dédaignent et dont ils se préoccupent, et à la *vente* qui est leur idéal. Les Expositions, les Salons, la critique, le bruit, la mode, les médailles, sont peut-être ce qui nuit à l'art et le mercantilise. Un artiste n'a besoin ni du Salon, ni de la rue ; son exposition, c'est son atelier. A l'heure où Léonard faisait la *Joconde*, il n'y avait ni Salons ni médailles. On subordonne tout, aujourd'hui, au succès immédiat. Aussi bien, les réputations s'envolent comme se consume un feu de paille.

Un grand artiste, un peu trop dédaigneux, et qui fuit les Expositions annuelles, a coutume de dire :

—Pourquoi irais-je voir le Salon ? Y a-t-il un seul tableau supérieur à ceux du Louvre ?

La boutade est injuste. Il y a, du moins, la lutte, la recherche, dans les Salons et les Expositions. On y assiste, avec émotion, à l'avénement de jeunes renommées. On les salue, on les encourage. Trop souvent elles avortent et font faux bond à vos espoirs ; mais qu'arrive-t-il alors? C'est qu'en quittant les contemporains, — qu'on n'a pas dédaignés, du moins, — on s'en va, au Louvre, revoir le Titien et Rembrandt et Véronèse, comme après la représentation d'une pièce à la mode, on éprouve souvent l'invincible besoin de relire des classiques. Un peu de neige fraîche après tant de ragoûts pimentés. Et l'on retrouve avec plaisir ici Molière et là Corrége. Il est bon de se retremper dans l'art éternel après l'art passager, comme de se jeter à l'air salé de la mer après les longs hivers fatigués.

C'est précisément ce que nous allons faire.

Le Havre (villa des Falaises), juillet 1878.

TABLE DES MATIÈRES

Imprimerie D. BARDIN, à Saint-Germain.

www.ingramcontent.com/pod-product-compliance
Ingram Content Group UK Ltd.
Pitfield, Milton Keynes, MK11 3LW, UK
UKHW020332250726
13967UKWH00005B/1988